Kuvataidekäsityön

julistus

Kustantaja: BoD - Books on Demand, Helsinki, Suomi
Valmistaja: BoD - Books on Demand, Norderstedt, Saksa
ISBN 978-952-318-935-5

Kuvataidekäsityön

julistus

- - -

MITÄ?

1. SANALLINEN MÄÄRITELMÄ NO 1

Kuvataidekäsityö
on sellaista kuvallisuutta,
mikä tarkimmin ja osuvimmin
käsitettynä,
käsiteltynä ja sanallistettuna
on kuvallisuuden kautta
ilmentyvää ja tuotettua
taidekäsityötä.

2. SANALLINEN MÄÄRITELMÄ NO 2

Kuvallinen taidekäsityö
→ kuvataidekäsityö
on kuvallista ilmentämistä ja ilmenemistä,
missä tekijä toteuttaa samassa tekemisessä
sekä
>taiteellista tekemistä kuvallisuuden kautta<
niin kuin myös
> kuvallisuuden kautta
jonkin muun asiakokonaisuuden
kuin taiteen toteuttamista,
työstämistä ja ilmentämistä<,
näiden muodostaessa yhtä ja samaa
teosmaisuutta, tekemistä ja toimimista.

3. SANALLINEN MÄÄRITELMÄ NO 3

Kuvallisessa taidekäsityössä
kuvallinen teos

ja kuvallinen tekeminen
edustavat eniten kuvataidekäsityötä,
enemmän sitä
kuin kuvataidetta,
tai kuvakäsityötä,
tai henkisesti lähes kokonaan tai täysin kokonaan
konemaisen lukkiutunutta
kuvallista liukuhihnatuotannon tekemistä.

4. ILMENTYMISENÄ NO 1

Kuvataidekäsityöllä
on oma paikkansa ja merkityksensä,
kulttuurissa
ja kulttuurisen toimimisen kentässä,
jopa silloinkin, ja siitäkin huolimatta
kun sitä käsitetään, käsitellään ja sanallistetaan
epäonnistuen ja osumattomasti,
epätarkasti ja todellisuutta vastaamattomalla tavalla,
milloin kuvataiteeksi,
milloin kuvakäsityöksi,
milloin henkisesti lähes kokonaan tai täysin kokonaan
konemaisen lukkiutuneeksi
kuvalliseksi liukuhihnatuotannon tekemiseksi.

5. ILMENTYMISENÄ NO 2

Valtaosa siitä, mikä
kulttuuripiirissämme on tullut ja tulee nimetyksi

kuvataiteeksi
ja kuvataiteen piiriin kuuluvaksi,
ei ole juuri nimenomaan kuvataidetta,
vaan itse asiassa suurimmalta osin,
tarkimmin ja osuvimmin
käsitettynä, käsiteltynä ja sanallistettuna
kuvallisuuden kautta ilmentyvää taidekäsityötä,
eli kuvataidekäsityötä.

6. OSANA KÄYTÄNNÖN JÄSENTYMISTÄ

Eroavaisuuksien ja erityisyyden
ymmärtäminen ja sanallistaminen
koskien
kuvataidekäsityötä,
kuvataidetta,
kuvakäsityötä
ja henkisesti lähes kokonaan tai täysin kokonaan
konemaisen lukkiutuneen
kuvallisen liukuhihnatuotannon tekemistä
on vähintään nyt täysin mahdollista,
sekä sitä,
mikä luonnostaan
on seuraava kehitysvaihe
kulttuurista olemassaoloa koskevassa
jäsentymisen ja toteutumisen kulussa.

Kuvataidekäsityön

julistus

- - -

MIKSI?

1. ONNISTUMISTEN EDELLYTYKSIÄ ON MAHDOLLISTA PARANTAA

Koska jo pitkään
on suurestikin osittain epäonnistuttu
käsittämään,
käsittelemään
ja sanallistamaan
kuvallisuutta ja kuvallista kulttuuria,
on tämä nimenomainen korjausliike,
tämä tarkennus,
tämä huomiota vaativa julistus
olemassa,
ja tähän muotoon
esille tuotu.

2. TODELLISUUTEEN NÄHDEN SEN MUKAISTA

Koska kuvallinen kulttuuri
toteuttaa ja toteutuu,
ilmentää ja ilmentyy
suurelta osin taidekäsityön kautta,
mikä merkittävällä tavalla,
ja riittävissä määrin, hahmottuu
omaksi ilmentämisen ja ilmenemisen muodoksi,
ja mikä parhaiten toteutuu
ja mikä on parhaimmin toteutettavissa
nimenomaan juuri siksi itsekseen ymmärrettynä,
on tämä parasta tunnustaa, ja tuoda esille.

3. TARVE ON TODELLINEN

Kulttuuripiirimme
on vaikeaksi ennakoitavissa olevan
uudistumisen edessä.
Kaikki tuki ja apu on tarpeen,
jotta uudistuminen onnistuu
mahdollisimman hyvin,
ja mahdollisimman vähäisten tuhojen
ja kauheuksien kautta.
Kuvallinen kulttuuri
muodostaa yhden osan
kulttuurista toimimista ja ilmenemistä,
mikä parhaimmassa tapauksessa
mahdollisimman osuvasti
omien ilmiöidensä käsittämisen
ja käsittelyn osalta
kykenee vähentämään sellaisia tekijöitä,
käytäntöjä ja ratkaisuja,
mitkä harhaanjohtavat
ja heikentävät valmiustasoa,
ja mitkä pettävät odotuksia
olemisen ja toimimisen
sekä orientoitumisen että identiteetin
toteutumisen kulussa.

4. KANNATTAA

On kannatettavaa
jopa parannuttavaa
käsittää,

käsitellä ja sanallistaa
kuvallista kulttuuria ilmentymisen kenttänä,
jossa toteutuu
sekä taiteen,
että taidekäsityön,
käsityön,
sekä henkisesti lähes kokonaan tai täysin kokonaan
konemaisen lukkiutuneen
aisti-aineellisen liukuhihnatuotannon tekemistä,
kaikkia näitä
toisistaan hieman poikkeavia
ilmenemisen ja ilmentämisen muotoja.

5. TUKEE KOKONAISUUDEN TOTEUTUMISTA

Kansa,
yhteisö
ja kulttuuripiiri,
jopa ihmiskunnan kokonaiskulttuurinen tila
muuttuvat entistä onnistuvammin toimiviksi,
kun kuvallinen kulttuuri uudistuu
käsittämään, käsittelemään ja sanallistamaan itsensä
entistä osuvammin ja todellisuudenmukaisemmin
kuvallisuudeksi, jonka yhtenä osa-alueena
on kuvataidekäsityö,
sen ohella ja rinnalla mikä on
kuvataidetta,
kuvakäsityötä
ja henkisesti lähes kokonaan tai täysin kokonaan
konemaisen lukkiutuneen
kuvallisen liukuhihnatuotannon tekemistä.

6. VÄLILLISTEN VAIKUTUSTENSA TAKIA

Kulttuurinen uudistuminen
auttaa ja tukee kansaa,
yhteisöä ja kulttuuripiiriä,
ja jopa koko ihmiskunnan kokonaiskulttuurista tilaa,
ja näin myös
tukee tämän aikakauden ongelmien ja haasteiden
ratkaisemista
myös muiden toimintakenttien suhteen,
joista mainittakoon merkittävimmiksi
ekologiset, sosiaaliset, poliittiset, ekonomiset ja
tieteelliset toimintakentät.

Kuvataidekäsityön

julistus

- - -

MITEN?

1. TYÖKALUNA JA KANAVOITUMISEN
   RAKENTEENA

Tuomalla esiin,
ja näin tarjoamalla
tukirakenteelliseksi ratkaisumalliksi
sisällöllisen ja toiminnallisen kohdentumisen
työkaluksi ja kanavarakenteeksi,
uudistaa, korjata, syventää ja tarkentaa
kuvallista kulttuuria tuottavien ja toimittavien
tekijöiden ja tekijäryhmittymien
kuvallisen tekemisen kokonaisuutta.

2. KANNUSTUKSENA

Rohkaisemalla
kuvallisen kulttuurin tuottajia ja toimittajia,
kaikkea kuvallista toimintaa
sekä siihen liittyviä
varsinkin ammatillisesti harjoittavia tahoja
tarkentamaan
omaa käsitystä, käsittelykykyä
ja sanallistamisen tapoja
sekä korjaamaan
vääristyneiksi muodostuneita ratkaisuja.

3. VAIKUTUSVALTA ESIIN NIMEÄMÄLLÄ

Korostamalla,

että kuvallisen kulttuurin
tuottajat ja toimittajat
vaikuttavat
sekä yhteisön että kansan,
jopa koko ihmiskunnan
kykyyn elää ja toimia,
omien ratkaisuidensa kautta,
paljolti sen varassa
kuinka osuvia ja todellisuutta vastaavia
heitä koskevassa kokonaisuudessa
myös kulttuurisen tuotannon
ja sen toimittamisen kautta
käytetyt ja valitut ratkaisut ovat.

4. OSOITTAMALLA TILAA -
TILAN NIMEÄMISEN KAUTTA

Tukemalla
kuvallisen taidekäsityön
omanlaistaan kuvallisen toimimisen tilaa ja paikkaa,
hakemalla siihen ja sille
aktiivisesti ja esillä olevasti
luontevaa paikkaa
kuvataiteen,
kuvallisen käsityön
ja henkisesti lähes kokonaan tai täysin kokonaan
konemaisen lukkiutuneen
kuvallisen liukuhihnatuotannon tekemisen
rinnalle.

5. TAITEEN JA TAIDEKÄSITYÖN UUDELLEENTUNNISTAMISEN KAUTTA

Nimeämällä
ja tuomalla esille
yhtä lailla se aikalais-tekeminen
kuin mennytkin
taidehistoriaa ja kulttuurihistoriaa koskeva
tuotanto ja tekeminen,
mikä kuvallisena kulttuurina
ja kuvallisena tekemisenä
edustaa ja ilmentää
kuvallisen taiteen
edustamisen ja ilmentämisen sijaan
kuvataidekäsityötä.

Kuvataidekäsityön

julistus

MILLOIN?

1. AALTOILEVASTI JA SYKKIVÄSTI

Aikajatkumossa
ilmiöt usein aaltoilevat ja sykkivät.

2. NÄINÄ AIKOINA

Aikajatkumossa
eri ilmiöt myös liukuvat yhdestä toiseksi,
jolloin alkuhetket ja loppuhetket eivät ole,
päällä/pois -kytkimen kaltaisen tekijäin kautta,
joko kokonaan päällä olevassa
tai sitten kokonaan ei päällä olevassa
tilassaan.

3. JUURI TÄLLÄ TOTEUTUVALLA HETKELLÄ

Nimenomaan tällä hetkellä.

4. KAIKKIEN TILAISUUKSIEN TULLEN

Kaiken mahdollisen käytössä olevan ajan myötä.

5. KOKO AJAN

Nyt.

Kuvataidekäsityön

julistus

- - -

MISSÄ?

1. KULTTUURIALUSTALLA

Kulttuurituotannon kentällä,
ja varsinkin
kuvallisen kulttuurin toimintakentällä.

2. AMMATINHARJOITTAMISESSA

Toimiala-eturyhmien ja ammattiliittojen kentällä.

3. ASIANTUNTIJOIDEN ASEMILLA

Yhteiskunnallisissa ja järjestöllisissä
kulttuuria koskevissa toiminta-organisaatioissa
ja viranhallinnan toimintayksiköissä.

4. MEDIASSA

Media-tilassa,
ja kaikissa erilaisissa
mediaa käyttävissä
toimituskunnissa.

5. KULTTUURIVAIKUTTAMISESSA

Kulttuuriaktivismissa
ja kulttuuripolitiikassa.

6. TIETEESSÄ

Akatemiassa,
mutta myös akatemian ulkopuolisessa.

7. KOULUISSA, SEUROISSA JA KOTONA

Koulutuksen kaikilla eri tasoilla,
harrastamisessa
ja kasvatuksessa.

9. SIELLÄKIN MISSÄ…

Oikean hetken kautta,
oikeiden tekijätahojen
ja oikeiden toiminta-ratkaisujen kautta,
moni paikka muuttuu,
monin eri tavoin
tarkoitusta vastaavalla tavalla,
oikeaksi paikaksi.

Kuvataidekäsityön

julistus

- - -

KUKA?

1. MAHDOLLISESTI ME

Me,
joilla on mahdollisuus
muokata olemassa olevaa
kulttuuria
ja henkisen todellisuuden
kanavoitumista.

2. MINÄ, JOKA…

Minä,
joka ymmärrän,
että kulttuurin
ja henkisen todellisuuden
jatkuva uudelleenasettaminen,
korjailu, oikoaminen,
terveyttäminen ja voimaannuttaminen
vaatii sen käsittämistä, käsittelyä ja sanallistamista
koskien
mahdollisimman osuvia ja todellisuutta vastaavia
ratkaisuja,
aina käytettyjen ratkaisujen ja niiden mallien
perusteisiin asti ulottuvalla
aika ajoin
jopa suurempiakin muutoksia tuovalla tavalla.

3. SINÄ, JOKA…

Sinä,
joka etsit
uudistavia ja uudistuneita
entistä osuvampia ja korjautuneita ratkaisuja
ja toiminnan sanallisia tukirankoja ja käsittämistä
kulttuurista ja henkistä todellisuutta koskien.

4. MAHDOLLISESTI TE

Te,
jotka olette valintojen ja ratkaisujen edessä,
siinä mihin tukeutua
ja kuinka suhtautua
ja kuinka toimittaa
ja kuinka tuottaa
koskien kuvallista kulttuuria
mutta myös ylipäänsä
koko kulttuurista kenttää
ja henkistä todellisuutta.

5. KAIKKI, JOTKA…

Kaikki,
jotka yhdessä,
ja, tai,
omilla tahoillaan
kokevat mahdollisuuden,

tarpeen
ja halun
toimia tämän ja tämänlaisen
henkisen ja kulttuurisen lähestymistavan
sekä tämän ja tämänlaisen
sanallisen tukirangan kautta
ja sen avulla.

www.ingramcontent.com/pod-product-compliance
Lightning Source LLC
Chambersburg PA
CBHW072344270726
48659CB00023B/2382